Herstellung und Verlag:
Books on Demand GmbH, Norderstedt.
ISBN: 9-783837-083132
2. Auflage, 2010

Bibliografische Information der Deutschen Nationalbibliothek
Die Deutsche Nationalbibliothek verzeichnet diese Publikation in der
Deutschen Nationalbibliografie; detaillierte bibliografische Daten
sind im Internet über http://dnb.d-nb.de abrufbar.

AusBlick

Heike
Kessel

Gedanken und Gedichte
mit **AusBlick**

Inhaltsverzeichnis AusBlick

Heike Kessel,

1967 geboren in Düsseldorf, erhält seit vielen Jahren Gedankenimpulse von überall auf der Welt und bringt sie lebhaft zu Papier, so dass der Leser aktiv an Augenblicken des Alltags teilnehmen oder sich wieder finden kann.
Besonders jedoch die Ferne lässt sie stets zurückkehren zu den Tiefen der Seelen. Für Heike Kessel ist es wichtig den Menschen ganzheitlich zu betrachten.
Als Autor, Coach und Ernährungsberaterin bezeichnet sie dies als "intelligente Körperstrukturierung", deren Grundlage die Ernährung ist: körperliche, geistige und auch soziale.

Gedanken und Gedichte
mit **AusBlick**

Mit dem 3. Band **AusBlick** möchte ich die Triologie der Gedanken und Gedichtreihe für 2008 abschließen.
Wenn Sie mit mir im 1. Band *ausgestiegen* sind, haben Sie über den 2. Band die Reise durch Gedanken und Gedichte aus dem Alltag vielleicht durch eine andere *Brille erblick*t.
Waren Reisezweck oder -ziel bekannt, so galten als große Unbekannte die Art, Umgebung oder die Reisemittel.

In Ihren Reiseunterlagen waren weder Fahrplan, Visum, noch Sicherungsschein, der Ihnen im Schadensfall einer Enttäuschung eine kleine Entschädigung hätte geben können.

Die einzige Garantie, die ich Ihnen geben kann ist, dass Sie stets das beste Reisegepäck dabei haben, wenn Sie von der äußerlichen Betrachtung Anderer ab und zu *aussteigen*, um Ihren *Blickwinkel* auf Sie selbst nach innen zu richten und an Ihre eigenen Stärken glauben.

Ich nenne das einen viel versprechenden AusBlick.

Wie immer wünsche ich Ihnen viel Spaß bei Ihrer Beobachtungstour.

Herzliche Grüße

Ihre
Heike Kessel

Weitere Bücher, erschienen 2008:

Ausstieg, ISBN 978-3-8370-44874
Blickwinkel, ISBN 978-3-8370-42764

Herstellung und Verlag:
Books on Demand GmbH, Norderstedt.

Danksagung

Gedanken und Gedichte
mit **AusBlick**

Als ich Anfang des Jahres meinen ersten Gedichtband veröffentlichte, dachte ich nicht daran eine Triologie innerhalb eines Jahres herauszubringen. Manch Literaturfreund weiß, wie brotlos dieses Schreiben ist. Manch inniger Freund weiß, wie viel es bedeutet Gedanken mit gleichgesinnten Menschen auszutauschen. Für mich heißt es Entdeckung, Reflektion oder Neu-Beginn.

Immer wieder neue AusBlicke für den Alltag zu bekommen, gibt uns Kraft und Mut unser Leben zu erleben wie wir es möchten und uns darin zu verwirklichen.

Meine Reise durch das Jahr brachte Momente mit sich, die ich nicht mochte. Doch ohne Ernüchterungen wäre ich eventuell nicht in der Lage manch wunderbare Dinge zu sehen, sind sie noch so klein.

All denen meinen innigen Dank, die in diesem turbulenten Jahr an mich geglaubt und mir einen **AusBlick** für eine andere Zukunft gegeben haben.
Ritter von Berolina, Deine Art an mich zu glauben war etwas ganz besonders; ich danke Dir von Herzen.

In Liebe
Heike

„Das Leben ist schön.“

Kennen Sie diesen Satz?
Mit welcher Ironie ich ihn oft Zuhause in den abstruses-
ten Momenten gehört habe, mit dem Wissen, dass alles
etwas Gutes in sich hat.

Die Handlung der Tragikomödie „Das Leben ist schön“
(Film von Roberto Benigni, 1997, italienischer Original-
titel: La Vita è bella) spielt im Zweiten Weltkrieg und
besteht aus zwei Handlungsabschnitten. Die erste Hälf-
te erzählt davon, wie der jüdische Guido seiner "gelieb-
ten Prinzessin", der Lehrerin Dora, den Hof macht und
wie er sein Leben auf humorvolle Weise meistert. Der
zweite Handlungsstrang beginnt mit seiner Deportation
und der des gemeinsamen Sohnes Giosué in ein natio-
nalsozialistisches Konzentrationslager. Dora, die mitt-
lerweile Guidos Frau geworden ist, lässt sich freiwillig
ebenfalls in das Lager bringen.
Um seinen Sohn zu beschützen und ihn vor der grauen-
vollen Realität zu bewahren, erzählt er ihm, der Aufent-
halt sei ein kompliziertes Spiel, dessen Regeln er genau
einhalten müsse, um am Ende als Sieger einen echten

Panzer zu gewinnen. Hierbei versucht er alles mögliche, um seinem Sohn den Aufenthalt im Lager so angenehm wie möglich zu gestalten und die Fassade aufrecht zu erhalten.

Als bei Kriegsende das Lager in Aufruhr gerät, verkleidet sich Guido als Frau, um so unerkannt in die Frauenabteilung zu gelangen und dort seine Frau Dora zu suchen. Doch er wird entdeckt und erschossen, während sich Giosué, immer noch nichts ahnend, versteckt. Am nächsten Tag wird das Kind im verlassenen Lager von einem amerikanischen Panzerfahrer aufgelesen und findet seine Mutter wieder.

Benignis Vater hat zwei Jahre in dem Konzentrationslager Bergen-Belsen zugebracht, und La Vita è bella basiert zum Teil auf dessen Erfahrungen.

Quelle: Wikipedia

So unbeschreiblich grausam, grotesk und wahrhaftig Benignis Erzählungen sind, erleben wir im Alltag den Wechsel zwischen Tragik und Komik häufig als ein ständiges ‚Auf und Ab'.
Im stetigen Bemühen auf der Wippe des Lebens das Gleichgewicht zu halten empfinde ich immer wieder welche Überraschungen das Leben mit sich bringt und wie schön das Leben doch ist.

Ihre
Heike Kessel

Freude   Träume

Freunde   Glück

Traurigkeit

Gemeinsam   Glaube

Geschenk   Genuss

Zweisamkeit   Horizonte

Zeit haben   Hoffnung

Mut   Verwirklichung   Liebe

Ich   Ruhe   Kraft

Einsamkeit

Einsame Insel

Abgehoben

So viele Stunden lag ich schon im Bett,
obwohl draußen zu sein, wäre jetzt auch ganz nett.
Hinzunehmen versuch ich jede Krankheit geduldig,
obgleich ich fühle mich meinem Leben gegenüber
schuldig.

Zu wenig Zeit es gab für's los gelöst sein und Spaß,
alles wurde stets gehalten unter Kontrolle, nach
Richtwert und Maß.
Wie wäre es zu leben ohne zuviel Zwänge oder
Grenzen,
würde ich so manche Pflicht vernachlässigen, einfach
schwänzen?

Ich glaube, der innere Schweinehund treibt uns dazu
dass wir weiterhin festhalten an Glauben und Werten
im Nu.
Haben wir das Wissen darum erst einmal verinnerlicht,
viel Unangenehmes kehrt um und ist nunmehr keine
Pflicht.

Umso mehr wir haben schlechten Momenten den positi-
ven Effekt zu verdanken,
der enthebt uns zurück ins Leben, hinweg über unsere
inneren Schranken.

Bedrängnis

Am Meer, im Urlaub, wir haben uns das erste Mal getroffen,
natürlich ein Grund sich zu geben sehr offen.
Die Sympathie, wer hätte es gedacht,
wurde stärker und hat Gefühle entfacht.
Wir tauschten Blicke von Zeit zu Zeit,
doch zu gehen weitere Schritte bin ich nicht bereit.

Du fragtest mich schnell nach Name, Adresse und Telefon,
dass wir uns nie wieder sehen, deine Furcht war vorhanden, damals schon.
Lügen bin ich nicht gewohnt, kann ich sehr schlecht,
Menschen unfair behandeln mag ich nicht recht.

So ließ ich Dich wissen was hinter meinem Namen steckt,
ohne zu ahnen, dass es bei Dir weiteres Interesse weckt.
Mein NEIN und Grenzen konntest Du nicht ertragen,
warst bereit Dich weiter nach vorne zu wagen.

Doch mit allem Fragen und Drängen
Du übersiehst, dies Kennen lernen geschieht unter Zwängen.
Die kleine Pflanze der Sympathie Du hast zerstört mit Ungeduld,
es ist bitter für mich zu sagen:
            Du bist es selber Schuld !

Befriedigung

Ich spüre unbändige Lust auf Sex, Spermien zu ent-
behren,
wie kannst Du mir Deinen Körper so verwehren?

Ich möchte schmecken, Deine Haut fühlen,
mich mit Dir in den Laken wühlen.

Warum zierst Du Dich, obwohl Du mich machst heiß,
was ist es, das ich zahlen muss, welchen Preis?

Du glaubst Lust ist unehrlich ohne Liebe,
kontrollieren ich soll besser meine Triebe.

Sinnlos zu diskutieren über Liebe oder Lust,
so bleibt nichts zurück als unbefriedigter Frust.

Dinesh

If feels I have to write a poem about you,
It's my pleasure, I really want to.

You are nice I realized fast,
There is more behind the person, humanity at last.
Perhaps our souls met somewhere in the past very
strong,
But it might be that the feeling is just a lasting souvenir
and I think wrong.

We talked about general matters, love and life,
What gives the spirit in yours, energy and drive?
By listening to the sound of your words I understood
you became hurt and shy,
The only question to answer is why.

By religion, feelings and freedom your mind gets
inspired,
This is the reason you don't get tired.
Your heart wish is things shall change into better,
The way is not important, the goal, that does matter.

Your faith in the good sides of people is damaged,
If you trust your voice in your heart and re-invest
feelings it can be repaired and managed.
I believe into the process you'll find a person who's
worth being with you, beside again,
Same like I hope to find somebody as you are,
obviously such a good man.

Einsam oder rastlos?

Um mich herum ist es stumm und still,
es scheint, dass mich niemand sprechen will.
Ich genieße die Ruhe,
lege alles beiseite in eine Truhe.
Es wieder hervorzuholen darf ich nicht vergessen,
denn auf die sonstige Hektik bin ich kaum versessen.

Viel zu wenig habe ich ruhige Zeiten über Tag,
dabei ist es die Stille, die ich so mag.
Manch Einer kann in Ruhe durchdenken einen Plan,
ein Anderer ist kreativer in völligem Wahn.

Die Abwechslung liebe ich, mal so, mal so,
unabhängig der Zeit oder des Wo.
In Gedanken schaukel ich in der Hängematte zwischen
Bäumen,
als ich plötzlich herausgerissen werde aus meinen
Träumen.
Ich nehme den Hörer ab schon beim ersten Klingelton,
was wäre der Mensch heut zu Tage ohne Telefon...

Froschkönig

Wenn Du die Augen schließt versuche zu vergessen,
was Du spürst in der Realität selten oder kaum,
stattdessen erinnere Dich an Deinen Traum:

Umgeben zu sein von Harmonie und Einigkeit,
was Dich wünschen lässt Du kannst gehen einen Weg
zu zweit.

Um dazu den Prinzen zu finden
Du musst manchen Frosch küssen, doch Dich nicht
sofort binden.
Wirf ihn bei Verwandlungsverzögerung nicht umgehend
in den Brunnen zurück,
vielleicht fehlt ihm nur ein Quäntchen Zeit zum Glück.

Zum Prinzen kann sich ein hässlicher Frosch verwan-
deln,
mit dem Du dann um jeden Preis möchtest anbandeln.
Betrachte ihn und höre zu wie und was Du mit ihm
quakst,
eventuell Du feststellst, wie sehr Du seine inneren
Werte magst.

Glanz und Gloria

Warum versucht Du zu erwecken, um alles in der Welt,
den Anschein
etwas ganz **BESONDERES** zu sein?
Versuchst stets Dein Profil heraus zu putzen,
immer im Focus Deinen eigenen Nutzen.
Du bist nicht besser als Andere im Durchschnitt,
kannst mithalten mit Vielen den Schritt.
Die Konkurrenz im Alltag Du kaum erträgst,
ohne Leistungserfolg es fühlt sich an, als ob Du nichts
bewegst.
Im Spiegelbild Du siehst Glanz und Gloria,
was steckt dahinter, sind Werte vorhanden und wirklich
wahr?
Nicht Jeder das Innere als wertvoll erkennt,
das wahre Glück durch äußeren Anschein man leicht
verkennt.
Lass Dich vom Glanz nicht blenden, gar belügen,
ab und an man sollte den eigenen Charakter rügen.

Gemeinsamkeiten von
Geburtstagen und Gedichten

Ab einem gewissen Alter ist man bei Geburtstagen
meist erschreckt wie schnell die Zeit vergeht und dass
man bereits so alt geworden ist.
Blickt man zurück und lässt die Zeit Revue passieren,
wird man feststellen, dass es auch etwas Gutes hat
schon ein „gewisses Alter" zu haben.

Vieles hat man durchgemacht.
Gutes, sowie Schlechtes erlebt.
Doch vor allem: man hat Lebenserfahrung gesammelt.
Man weiß, wie man mit vielen Dingen umgehen muss,
kann oder sollte.
Hierin liegt die Gemeinsamkeit zu Gedichten.

Wir lesen sie, schreiben sie, denken darüber nach und
wir fühlen durch sie.
Sie geben all die Erfahrungen wieder, die der Dichter
bisher gesammelt hat.
Oft wollen Menschen diese Weisheiten nicht hören,
nicht über die benannten Dinge sprechen, weil sie ins
Innerste eines Jeden eindringen und Gefühle
wi(e)derspiegeln. Und oft, weil man weiß, dass sie
Wahrheit beinhalten, die man sich all zu häufig kaum
eingestehen möchte.
Man verschließt sich leichter vor dem, durch das wir
eigentlich leben.

Gerade darum ist es wichtig darüber zu schreiben, zu lesen, zu reden, die Menschen wach zu rütteln.
Den Kern der Dinge zu erkennen, Gedanken, Gefühle offen zu legen, zu fühlen und erleben.

Dieses Schreiben ist eine Gabe, die viele Menschen leben und fühlen lässt.
Nicht umsonst heißt es:
　　　man ist so alt, wie man sich fühlt.

Daher, Mama, fühle und lebe!

Alles Liebe zu Deinem Geburtstag

Deine Heike

Ein Gedanke,
meiner Mutter gewidmet zum 60. Geburtstag, nachdem ich entdeckte, dass sie Gedichte schreibt.
(Auszüge aus ihren Gedichten im Gedichtband „Blickwinkel")

Herz-Zer-reißend

Deine Stimme in meinem Ohr.
Deine Hand, die zärtlich mein Gesicht streichelt,
nachgefühlt auf meiner Wange.
Deine starken Arme eng umschlungen um meinen
Körper.
Dein Bild beim Abschied in meinen Gedanken.
Dein wilder Kuss, der sagte, Du lässt mich ungern
gehen.

Das Telefon in greifbarer Nähe,
immer bereit auf das vereinbarte Klingelzeichen zu
reagieren.
Gespräche sind zu jeder Tages- und Nachtzeit möglich,
doch nur, wenn Kalender und Situationen es zulassen.
Gelegenheiten unter 2 Ohren zu sprechen gibt es
manchmal,
doch ein Wiedersehen - für die Augen ist weniger zu
tun...

All das jagt mir durch den Kopf, wenn ich an Dich denke
und zerreist mir beinah mein Herz,
während der Countdown die Zeit herunter zählt zu
meinem Glück,
bis Du mir wieder mit Deiner Liebe Pflaster auf meine
Wunden küsst.

Hoffnung

Müde Augen, wacher Geist,

das Gesicht lacht auch schon feist.

Nicht, dass Du es falsch verstehst,

ich wünsche mir, dass Du mit mir gehst.

Am Morgen, Abend, zu jeder Zeit,

Du stehst schon lange dazu bereit.

Traust Dich nicht recht erneut herauszukommen,

tappst rechts und links herum, scheinst wie benommen.

Zurückgezogen hast Du Dich die letzten Jahre,

doch Zusammenhalt gibt Kraft und ist

das einzig Wahre.

Intelligenz

Am Ende steht nicht DIE oder EINE andere Intelligenz.
Am Ende steht die Frage, was die andere Intelligenz
von uns übrig lässt,
wer wir dann sind oder was nicht mehr.

Intelligenz ...

⇨ ist ein Glücksfall...

⇨ ist ein Resultat fein aufeinander abgestimmter
Bedingungen

⇨ das, was in einer Kultur als wesentlich einge-
schätzt wird

⇨ ist angeboren oder erworben

⇨ spiegelt sich in der Art und Weise wieder, wie
eine spezifische Situation bewältigt werden kann,
ist somit die Anpassungsfähigkeit an Erfordernis-
se einer sich wandelnden Umgebung;
demnach wäre sie nicht angeboren, sondern
erlernt

⇨ ist die Verankerung im menschlichen Konzept,
die uns hilft, unser Denken auf immer neue
Situationen einzustellen;
demnach wäre sie nicht erlernt, sondern ange-
boren

⇨ ist also gesamt betrachtet die Fähigkeit aus Erfahrung zu lernen und sich den Erfordernissen der Umgebung anzupassen

⇨ die Suche nach fremder Intelligenz ist immer die Suche nach der eigenen...(von Carl Sagan), also die Fähigkeit zu hinterfragen, was Intelligenz ist

....oder ist schlichtweg als einen Geschenk zu betrachten, Dingen einen Wert beizumessen und Emotionen wahrnehmen zu können, durch die wir unser tägliches Tun und Handeln bestimmen (lassen).....

Käfig voller Narren

Du bist es gewohnt, bewegst Dich sicher in
Deinen eigenen vier Wänden,
glaubst alles, was Du erfühlen kannst mit den Sinnen,
Augen und Händen.
Im Alltagsdschungel bieten die Gitterstäbe Dir Schutz
und Sicherheit,
unbemerkt, dass Du stets zwischen ihnen herläufst und
nie kommst wirklich weit.

Ab und zu brichst Du aus, aus dem Gehege,
bereit und lässt Dich ein zu gehen andere Wege.
Doch im ungewohnten Terrain der Gefühle Du kennst
Dich nicht aus,
der bloße Gedanke daran, für Dich als starker Mensch,
ist der reinste Graus.

Jahrelang Du hast den Wunsch nach Freiheit
erfolgreich verdrängt,
obwohl Glück und Freiheit von der Erfüllung des
Gefühls abhängt.
Viel zu häufig wir sind ängstlich davor, das unsere
Träume können werden wahr
und bleiben dabei im Käfig des Lebens oft der größte
Narr.

Lebenslang

Ich freue mich wie ein kleines Kind,
möchte alles auspacken, ganz geschwind.
Möchte spielen mit dem großen Pferdegespann,
die Frage im Alter ist nur wie und wann.

Ich habe neue Dinge entdeckt, die Kräfte weckten,
unbewusst, dass solche Wünsche in mir steckten.
Bisher Verborgenes sprießt hervor wie Sommer-
sprossen,
habe es aufgesogen und dankbar genossen.

Ich wünsche mir es wird so weiter gehen,
beim letzten Augenblick möchte ich nicht länger stehen.
Das Leben ist zum Er-Leben da,
lebe Träume und mach Dein Leben wahr.

Liebe im Überfluss

Was Du an Liebe brauchst, kann ich allein nicht geben.
Was ich an Liebe geben kann, ist für Dich allein zu viel.
Welch schwere Last Deine Seele tagein, tagaus muss
heben?
Halt ein, mach Dir bewusst, das Leben ist kein Spiel.

Du kämpfst an gegen Gefühle, versucht sie zu halten
unter Kontrolle,
verstrickst Dich dabei innerlich jedoch wie krause Wolle.
Wozu der Kampf, sich nicht hinzugeben Momenten
voller Spaß und Lust,
sich zu erholen von dem ganzen Alltagsfrust.

Das Leben hat so viel zu bieten,
warum glaubst Du es sei zu mieten?
Viel schneller es kann zu Ende sein,
drum nimm an, was ich Dir geben möchte, ganz allein.

Männerwelt

Du fragst mich, ob oder wann wir Frauen Männern
Komplimente machen…
Es scheint, Du hattest von Frauenseite in letzter Zeit
wenig zu lachen.
Du wirkst verletzt und brauchst Zeit Deine Wunden zu
heilen,
drum solltest auch Du nicht richten über jeden Rock
und vorschnell falsch urteilen.

Natürlich, ein Mann hat gleiches Anrecht wie Frauen auf
netten Umgang, ein liebes Wort,
doch woher soll Frau wissen, wann der rechte Zeitpunkt
ist, der rechte Ort?
Gerne würde ich einen Mann treffen, der annehmen
kann ein Kompliment so wie es ist,
gemeint aus dem Herzen, als Wohltat, als Anerkennung
wie er ist.

Ein Mann kann Mann sein, Geliebter, Freund und
Kamerad,
ohne, dass Liebe dabei vergeht und übrig bleibt ein
Geschmack, der genannt wird öde und fad.

Bis heute habe ich nicht verstanden warum ein Mann
mutiert,
ich würde gerne wissen warum so etwas dann passiert:
sobald er hört, schlimmer noch, er spürt, dass eine
Frau ihn liebt,

so manches Verhalten, Worte oder Gesten er vor der
Ausführung selbst einem Scan unterzieht.
Sobald er hört, dass Frau ihn liebt, manch Mann fühlt
sich siegessicher, kehrt den Matscho raus,
hört auf zu jagen, charmant zu sein, vernachlässigt
sich, Ideen, Frau oder Heim und Haus.

Bis heute habe ich nicht verstanden warum eine Frau
mutiert,
ich würde gerne wissen warum so etwas dann passiert:
manch Frauen wiegen sich sicher, als haben sie einen
Fisch an der Leine,
lassen sich gehen oder bekommen dicke Hüften oder
Beine.
Sie nörgeln, vergessen die schönen Dinge, die sie
haben können mit diesem Mann,
was sie gezogen hat – damals - in ihren Bann.

Die Männerwelt kann faszinierend sein,
auf den ersten Blick einfach gestrickt und doch kompli-
ziert und fein.
Was wären wir ohne Euch, den Partner, Handwerker,
Lover, Vater, Ehemann,
es gibt so vieles was er kann, ein Mann.
Wir hätten nichts, an dem wir uns reiben, messen,
Fürsorgen, fortpflanzen und geben könnten unsere
Liebe,
Frauen wünschen sich Schutz und auch wir haben
Phantasien und unsere Triebe.

Nicht jede Frau ist ungerecht und trügerisch auf ihren Vorteil erpicht,
manch Frau würde gern ihr Lob verteilen und sehen wie sein Gesicht erstrahlt in diesem Licht,
gemeinsam schwelgen in Erlebtem, dem Manne sagen was sie fühlt und denkt,
damit er merkt, wie sehr sie Anerkennung ihm oftmals schenkt.
Der Machtkampf zwischen Mann und Frau lässt manches Weib davon Abstand nehmen,
unterschiedliche Denkweisen über Jagdinstinkte liegen vielleicht doch in den Genen.

Ihr Männer könnt so viel und habt noch immer alle Macht der Welt,
lehrt uns was ihr braucht, damit wir finden unseren Mann, der für uns ist der Held.

Prostitution

Ein Lächeln verrät noch lange nicht woran Du denkst,
vielleicht Du Deine Aufmerksamkeit ganz woanders
hinlenkst.

Ich glaubte auch, Du wärest bei mir und meinen
Worten,
dabei träumtest Du für Dich und warst an anderen
Orten.

Das Gehirn kann verworren, kompliziert und trickreich
sein,
manchmal es spaltet Gefühle und Gedanken, so dass es
die Seele kann entzweien.

Obgleich wir uns disziplinieren und selber täglich davor
warnen,
wie leicht erliegen wir der Versuchung uns von der
Ablenkung zu umgarnen.

Den Weg zu gehen, für den wir uns entschieden haben
einmal fortzuführen ist und bleibt unsere eigene Wahl.

Public Relation

In Gesellschaft, wer Du bist oder was Du machst,
willst Du nicht gern erzählen,
so kann ich zwischen verschiedenen Aussagen von
Dir wählen.
Von mir Du möchtest wissen persönliche Eckdaten,
denn selber hast Du keine Lust zu raten.
Später vertraust Du mir Persönliches an bei Mondes-
schein,
so intim, als ob ich schon lange wäre die Dein.

Vertrautheit, Nähe sprühst Du aus,
als fühlst Du Dich geborgen, gleich wie Zuhaus'.
Zurück in der Öffentlichkeit Du hälst Dich erneut
zurück,
Public Relation wird aufgebaut eben nur Stück
für Stück.

Richtig

Als wir das letzte Mal miteinander sprachen äußerte ich
meine Vermutung, da Du zu feige warst es selbst zu
sagen.
Du versuchtest Deine Unsicherheit zu überspielen und
antwortest in einem ebenso versucht witzigen – jedoch
missglücktem – Ton mit dem Wort: RICHTIG !

Hinterher wurde mir klar, dass Du mir sagen wolltest
wie Du Dich fühlst und was es wirklich heißen sollte:

R egelrecht

I ntollerant

C haotisch

H ilflos

T ollpatschig

I nkompetent

G efühllos

Ritter von Berolina

Niemals hätte ich gedacht,
Wie schnell das Feuer in mir wieder erwacht.
Du hast mein Funkeln entdeckt,
obwohl zuerst es hat in **Dir** neue Kräfte geweckt.
So stecktest Du mich an,
zogst mich in Deinen Bann.

Du hast Kämpfe gefochten, bist des Ruhmes reich,
dennoch ist Deine Seele geblieben zart und weich.
Du suchst nach einem Gegner auf gleicher Ebene
und wirst dem Anspruch gerecht,
Mit scharfem Sinn und ohne Schwert Du hast keine
Mühe mit einem Wortgefecht.

Du verteidigst mit Fürsorge und Pflicht,
Dein Hab und Gut, stellst Deine Tapferkeit in ein
bescheidenes Licht.
Du weißt, was es heißt Tugenden zu haben,
dies ist es woran Dein Ritterherz sich kann erlaben.

Du empfindest es als Freude und reizvolle
Aufgabe meinen Wünschen nahe zu kommen,
anstatt Dich zu fühlen davon fremd gesteuert oder
eingenommen.
Du sagtest, Du wärest gerne an meiner Seite, dieser
Mann,
der standhalten mit mir und seine Kräfte zeigen kann.

Dass ich solch einen Mann noch getroffen habe, der
zwar kommt von sehr weit her,

mir zurückgegeben hat die Hoffnung nach soviel Edelmut, ich dachte bereits es gibt sie nicht mehr.
Es wird schwerer und schwerer für mich meine Gefühle zu verwalten,
der Leidenschaft zu entgehen und mich zurück zu halten.

Wer ahnt, ob oder wie wir uns danach werden wieder sehen,
ob wir es können oder werden ohne die körperliche Nähe auseinander zu gehen.
Die Sehnsucht nach einem Kuss und Vereinigung mit Dir wird spürbar groß,
ich wünsche mir Berührung von Dir, Deine Hände in meinem Schoß.

Auf die Frage ‚und dann, was werden wir fühlen?', ich kenne keine Antwort,
wir beide wissen, um unsere eigene Schlacht zu führen, wir müssen bald fort.
Ich möchte nicht beantwortet wissen wie geht es danach weiter,
fühle ich mich nackt ohne Schutz, ohne Ross und Reiter?

Ich weiß nicht, wie es mit Dir ist im wirklichen Leben, ob Du genauso bereit bist diese Wärme zu geben.
Doch Hier und Jetzt ich sehe Dich vor mir ohne Rüstung und Fanfarengetöne,
und ernenne Dich zum **Ritter von Berolina**, wiedergeboren in Löhne.

Situationsgerecht

Du bist patzig, reagierst wie ein kleines Kind,
Deine Stimmung dreht sich wie die Fahne im Wind.
Bist frech, ungehalten mit jedem Wort,
ungeachtet wo Du Dich befindest, egal an welchem Ort.

Was treibt Dich dazu Dich so zu geben?
Was ist Dir widerfahren bis jetzt, in Deinem Leben?
Hat man Dir Böses angetan,
dass Du Dich verhalten musst in solchem Wahn?

Nimm heraus aus der Situation die Wut,
siehe besser die Chance darin, pack es an mit Mut.
Zu erkennen, zu ändern, was Dir bisher verbarg,
doch was Dir Erkenntnis, gleich Weisheit, bringen mag.

Jede Situation bringt neues Leben,
es wird Dir am Ende viel Freude geben.
Setz um Deine Träume, beginn zu leben Deine begon-
nenen Werke,
hab Vertrauen in Dich und Deine Stärke.

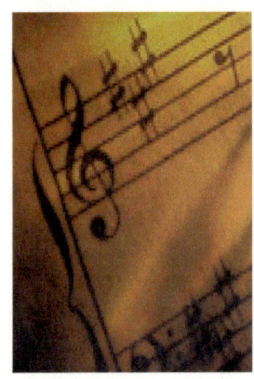

Stimmlage

Manche Gespräche vergehen wie Zeit und Rauch,

doch ‚*manchmal*' vergeht und hinterlässt einen Nachge-

schmack, ein gewisses Eingeständnis, gleich dem Worte

‚*auch*'.

Es ist die Stimmung, die uns umgibt,

die sich regt und an uns ziept.

Wir alle tragen dazu bei,

wenn Zeit und Umgebung sind uns nicht einerlei.

Sommerabend   oder Wechselstube

Ruhe, Balkon, Kerzenlicht und die Frage ‚Warum'?
Man fühlt sich nicht nur einsam, sondern dumm.
Von den anderen Balkonen es dringt gemeinsames
Lachen,
warum können wir nicht das Gleiche machen?

Von weitem her man hört Flaschenkorken knallen,
schade, dass wir nicht in gleicher Laune wallen.
Stattdessen, Du hast Dich entschieden zu gehen einen
anderen Weg,
ohne zu geben eine Chance, einen Verbindungssteg.

Uns kennen zu lernen, gar neue Situationen, gab es
keine Möglichkeit,
denn viel zu wenig Ruhe und Zeit gab es zu Zweit.
Zwar sprachst Du von gemeinsamer Zukunft,
es wirkte wahrhaft schön bis hin zu Unvernunft,
als ob es keine Frage war des Ortes oder Raumes,
nun weiß ich, der Wunsch danach war Vater dieses
Traumes.

Doch diesen Sommer werde ich nicht verbringen allein,
das Glück ist auf meiner Seite, ich nenn es MEIN.

Nobilis, Belek, Türkei

Vollmondnacht - und dann?

Letzte Nacht, habe ich mich richtig oder falsch
verhalten?
Weiß nicht warum, doch ich kann den Gedanken nicht
abschalten.
Lange Zeit es ist her, dass ich mich so geben konnte
wie ich wollte,
bin eingerostet im Zeigen meiner Gefühle, mir fehlen
die Worte.

Ich habe es sehr genossen zu sitzen mit Dir im Mondes-
licht
und wünschte ein Morgen gäbe es nicht.
Auch, wenn es normal ist unsicher zu sein,
wäre die Ablehnung von Dir unangenehme Pein.

Was Du von mir denkst würde ich gerne wissen
und weiß schon heute ich werde Dich vermissen.
Bin ahnungslos wie es weitergehen kann,
bin ich interessant für Dich als Mensch, als Mann?

Was heißt hier „Du magst mich"?

Abzuwägen zwischen dem was geht, was kann,
im Leben ein Jeder muss Verantwortung tragen,
nicht nur als Mann.

Du versuchst Dir zu holen was Du willst,
nicht nur, weil Du dadurch Gefühle und Ziele stillst,
sondern auch, weil es Dich ausmacht und zeigt,
als was Du gillst.

Während ich spüre, ich bin unsicher auf dem Gebiet,
bin ich dankbar für das, was zwischen uns geschieht.
Ohne Hast und Angst etwas zu verpassen,
scheint es, als ob wir Dinge einfach geschehen lassen.

Einander wir zeigen Vertrauen, was wir viel zu lange
kannten nicht,
obwohl es hat für uns beide im Alltag ein so großes
Gewicht.
Wir genießen die Tiefe der Gespräche mit schonungs-
loser Offenheit,
vielleicht nur möglich, da wir nicht zurückblicken
können auf eine gemeinsame Zeit.

Mit Spaß und Bewusstsein füllst Du aus all' unsere
Aktivitäten,
frönst den Dingen, die für Viele gelten als Raritäten.
Ganz unvermittelt es schlägt um, es scheint als kon-
sumierst Du, um zu verdrängen,
Dein Mund formt Worte, die den Anschein erwecken
Du würdest an der Vergangenheit hängen.

Bewusst ist es Dir nicht, Du spürst es nur ein Stück,
wie verletzt ich bin, als ich mich ziehe von Dir zurück.
Ambivalent sind Deine Worte zu Deinem Verhalten,
was soll ich glauben, was kann ich tun, um es
angenehm für mich zu gestalten?

Nachdem ich mich sortiert habe wird es klar,
wir wollten, dass lang Ersehntes soll werden endlich
wahr.
Das dieses Zeit bedarf wir haben dabei nicht bedacht
und uns durch unseren eigenen Druck um das Verliebt-
sein gebracht.

Wunderbares Jahr

Wieder ist ein Jahr vergangen,

gerade erst hat es angefangen.

Tröste Dich und bleibe froh,

Anderen ergeht es ebenso.

Lasse Dich durch Nichts und Niemanden verdrießen

Frohe Stunden im Hier und Jetzt zu genießen.

Denn dann sagst Du in einem Jahr:

Dieses Jahr war wunderbar !

01.01.2006...
      2007...
        2008...
        ...
         ...
        31.12.2012...

Yin und Yang

Denkst Du von Zeit zu Zeit nach über Dich und Dein
Leben,
über das, was Du erreicht hast und nach Deinem
Erstreben?

Du kannst stolz sein, auf das was Du hast erreicht,
doch was ist, wenn dies von (D)seiner Stelle weicht?

Was bleibt über von Dir, wenn man wegnimmt Status,
Blaumann oder Frack,
erscheint ein Mensch oder ein soziales Wrack?

Nicht selten, es wirkt als seist Du arrogant,
als ob Dein Erfolg beflügelt, zugleich Dich übermannt.

Sei dankbar für das, was Du bekommst im Leben,
Du kannst nicht nur nehmen, Du musst auch geben.

Zeitdiebstahl - Zeitguthaben

Das Thema *Altern* wird häufig diskutiert. Auch ich kann das nachvollziehen. Doch es scheint immer wieder wie ein auf und ab. Zwar werde ich (Gott sei Dank) nur von wenigen auf mein Alter geschätzt, doch die grauen Haare kommen schubweise. Mal mehr, mal weniger.

In welcher Zeit leben wir heute eigentlich?
Was ist aus dem Volk der Denker und Dichter geworden?
Sind es nunmehr Diebe und Drückeberger?

Zeit, was ist das?
Was bedeutet es?
Was fange ich damit an?
Und welchen Messwert gibt es dafür wirklich?

Neulich hatte ich einige interessante Gedankengänge mit meinem Finanzberater.
Nachdem ich äußerte, wie schnell die Zeit doch vergeht, fragte ich, ob er nicht auch eine Versicherung gegen Zeitdiebstahl hätte.

In unserer heutigen Zeit wäre eine Versicherung gegen Zeitverluste mit Sicherheit der Absatzrenner...
Die Frage ist, ob Zeit verloren gehen kann?
Andererseits: kann man Zeit sparen?
Auf einem Sparbuch oder wie geht es? Wie viele Zinsen fallen an und muss ich es für eine bestimmte Dauer fest anlegen?
Wenn man Zeit verliert, kann man sie dann auch wieder finden? Ich wüsste gerne wo.
Im Fundbüro habe ich sie noch nicht entdeckt.

Zeit ist definitiv DAS wichtigste Thema für Menschen und sie verstehen häufig nicht, dass es wohl das meist einsetzbare Synonym in unserer Sprache ist.
Die meisten Menschen benutzen es ständig für andere Dinge..... - **ich habe keine Zeit**...
Synonym für "ich will Dich nicht sehen, weil ich etwas Besseres vorhabe" ...

ICH HABE KEINE ZEIT.....welch ein Unsinn.
Jeder hat die gleiche Zeit. Sie ist nicht und man kann sie auch nicht haben, man kann sie nur nutzen und Prioritäten setzen wie wir diese Zeit nutzen.
Eines hat noch niemand tatsächlich geschafft:
Zeit anzuhalten.
Will im Endeffekt auch niemand, denn Stillstand bedeutet keine Weiterentwicklung.

Ähnlich verhält es sich sicherlich auch mit dem Altern.
Wir schaffen Verjüngungsprozesse durch Anti-Falten-Cremes.
Man stelle sich mal vor: Anti-Zeit-Creme.
Wo trage ich sie auf und wie lange braucht sie bis sie ihre Wirksamkeit entfaltet?
Wir alle altern jeden Tag um die gleiche Anzahl an Minuten.

Dennoch, der eine reift schneller, der andere langsamer.
Bestimmt, da er diese Minute Zeit ganz anders nutzt....

Ich wünsche Ihnen einen wunderschönen guten Morgen und Start in den Tag ☺

Hamburg, 05.08.2008, (4:30 a.m.)

Nun,
welchen **AusBlick** haben **Sie** heute gewonnen?

Vielleicht erinnern Sie sich an diese Aussage:
Was Du an Liebe brauchst, kann ich allein nicht geben.
Was ich an Liebe geben kann, ist für Dich allein zu viel.

Noch vor einiger Zeit hatte ich selbst Mühe den Sinn
dieser Worte richtig deuten.
Mittlerweile habe ich verstanden, dass die größte Liebe,
die wir brauchen und uns erfüllt, in uns selbst steckt
und niemals das Gleiche wieder gibt, wie wir es von
einer anderen Person geschenkt bekommen können.

Ich würde mich freuen, wenn auch Sie sich durch
Ihre Reise wieder ein wenig näher gekommen sind
und bleibe dabei:

Willkommen im
„ICH"

Lassen Sie sich treiben und denken daran:

Das, was in uns steckt, tragen wir immer bei uns, egal
an welchem Ort.

Vielen Dank,

dass Sie mit mir Ihre Zeit geteilt haben.

Halten Sie weiterhin **AusBlick** nach den schönen Din-
gen im Leben. Nicht des Schönredens wegen, sondern
um das Schöne darin zu entdecken.

Lassen Sie sich überraschen wie es im nächsten Jahr
weiter geht...

Ihre
Heike Kessel

© Hamburg, 2008
Books on Demand GmbH, Norderstedt

Raum für Ihre eigenen Notizen: